日本語能力試験

N3 模擬テスト〈１〉

千駄ヶ谷日本語教育研究所 著

スリーエーネットワーク

Published by 3A Corporation.
Trusty Kojimachi Bldg., 2F, 4, Kojimachi 3-Chome, Chiyoda-ku, Tokyo 102-0083, Japan

ISBN978-4-88319-841-2 C0081

First published 2020
Printed in Japan

はじめに

　日本語能力試験対策の模擬テストにつきまして、これまでにN1とN2をそれぞれ〈1〉から〈4〉まで出版し、多くの方々にご利用いただき、版を重ねてまいりました。

　近年、日本では外国人材の活躍の機会が広がってきました。こうした中、N3の模擬テストを求める声も多く、それにお応えする形で今回出版することになりました。N3合格を目標とする方はもとより、N1、N2の合格を目指す方々にも学習のプロセスの中で日本語能力を確認し、さらに上のレベルを目指す上で参考にしていただければと思います。

　本書は、試験合格を目指す方々のために、本試験にできるだけ近い形でチャレンジできるように作成しました。ぜひ時間を測って本試験さながらの模擬テストを行ってください。実施後は採点結果を正答数記入表に記入することで弱点を把握し、不得意な問題形式や分野を重点的に補強することができます。

　この本が多くの方々に役立つよう心から期待しています。

千駄ヶ谷日本語教育研究所

理事長　吉岡正毅

目次

音声CD

・「言語知識（文字・語彙）」試験の指示 　　　トラック1

・「言語知識（文法）・読解」試験の指示 　　　トラック2

・「聴解」試験の指示 　　　トラック3

・「聴解」問題 　　　トラック4～トラック42

・「聴解」試験終了の指示 　　　トラック43

別冊

・問題用紙

「言語知識（文字・語彙）」

「言語知識（文法）・読解」

「聴解」

・解答用紙（巻末。切り取って配付してください。）

模擬試験を実施される方へ

　本書は、本試験に近い形で実施できるようになっています。問題用紙を外し、解答用紙を問題用紙から切り取って、学習者に配付してください。試験時間を守って、本試験のように進めることで学習者は試験形式に慣れ、本試験で戸惑わずに実力を発揮できるでしょう。実施後は、学習者へのフィードバックとして正答数記入表（29ページ）をご活用ください。

　試験前後の学習者へのアドバイスは8ページの「学習者の方へ」を参考にしてください。

　以下のサイトに本書の活用法を紹介した動画、解答用紙、音声CDに収録された音声があります。ご活用ください。

https://www.3anet.co.jp/np/books/3820/

〈模擬試験の手順例〉

○準備

①以下の表を利用して試験実施時間を決める。所要時間は175分。

試験科目			試験実施時間
言語知識（文字・語彙）	試験の指示 （音声CDトラック1）	5分	＿＿＿：＿＿＿　〜　＿＿＿：＿＿＿
	模擬試験	30分	＿＿＿：＿＿＿　〜　＿＿＿：＿＿＿
休憩		10分	＿＿＿：＿＿＿　〜　＿＿＿：＿＿＿
言語知識（文法）・読解	試験の指示 （音声CDトラック2）	5分	＿＿＿：＿＿＿　〜　＿＿＿：＿＿＿
	模擬試験	70分	＿＿＿：＿＿＿　〜　＿＿＿：＿＿＿
休憩		10分	＿＿＿：＿＿＿　〜　＿＿＿：＿＿＿
聴解	試験の指示 （音声CDトラック3）	45分	＿＿＿：＿＿＿　〜　＿＿＿：＿＿＿
	模擬試験 （音声CDトラック4〜トラック43）		

②問題用紙を外す。

③解答用紙を問題用紙から切り取る。

④試験会場を整える。試験実施時間を掲示する。

⑤時計、CDを流す機器を準備する。

⑥CDを機器にセットする。

○試験時

「言語知識（文字・語彙)」

①問題用紙、解答用紙「言語知識（文字・語彙)」を配付する。

②音声CD「試験の指示」（トラック１）に沿って、問題用紙「言語知識（文字・語彙)」の
　表紙と解答用紙の注意の確認、名前の記入、ページ数の確認をさせる。「試験の指示」終
　了後、CDを止める。

③時間になったら試験開始を知らせる。

④時間になったら試験終了を知らせる。

⑤解答用紙を回収する。

⑥回収した解答用紙の数と、受験者の数が一致しているか確認する。

「言語知識（文法)・読解」

⑦解答用紙「言語知識（文法)・読解」を配布する。

⑧音声CD「試験の指示」（トラック２）に沿って、問題用紙「言語知識（文法)・読解」
　の表紙と解答用紙の注意の確認、名前の記入、ページ数の確認をさせる。「試験の指示」
　終了後、CDを止める。

⑨時間になったら試験開始を知らせる。

⑩時間になったら試験終了を知らせる。

⑪解答用紙を回収する。

⑫回収した解答用紙の数と、受験者の数が一致しているか確認する。

「聴解」

⑬解答用紙「聴解」を配付する。

⑭音声CD「試験の指示」（トラック３）に沿って、問題用紙「聴解」の表紙と解答用紙の

注意の確認、名前の記入、ページ数の確認をさせる。

⑮CDを止めず、そのまま「聴解」問題を始める。

⑯CDが終わったら問題用紙と解答用紙を回収する。

⑰回収した問題用紙・解答用紙の数と、受験者の数が一致しているか確認する。

○試験後

①解答（9 ～ 11ページ）を見て採点する。

②正答数記入表（29ページ）を使って、学習者にフィードバックする。

　ア．分野ごとに正答数を記入する。

　イ．科目ごとに正答数を合計して記入する。

　ウ．科目ごとの正答率を計算して記入する。

　エ．◎・○・△の欄の数字を見て、ア．で記入した正答数が当てはまる欄にチェック

　　　（✓）を入れる。

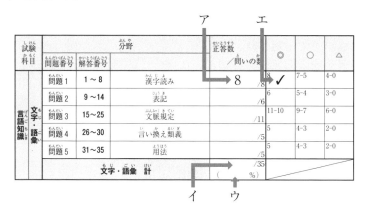

③本書を学習者に返却する。

学習者の方へ

〈試験のとき〉

・各科目にいろいろな形式の問題がありますから、問題文や例をよく読んで何を答えるか
　よく理解してから問題を解きましょう。

・「言語知識（文字・語彙)」は、試験時間が短いです。時間配分を意識して解きましょう。

・「言語知識（文法）・読解」は、問題数が多いです。分からない問題はあとで解くために
　印を付けておいて、まずできる問題から解きましょう。

・解答用紙のマークの塗り方がよくないために、失敗する人もいます。解答用紙の「マー
　クれい」を見て、よい塗り方で塗ってください。

〈試験のあと〉

・正答数記入表の結果から、自分の弱点を把握してください。

・時間がなくて解けなかった問題を解いてください。

・間違えた問題を解き直してください。

・間違いが多かった分野を特に勉強してください。

・以下のサイトから解答用紙がダウンロードできます。

https://www.3anet.co.jp/np/books/3820/

N3 解答 「げんごちしき」(もじ・ごい)

問題 4

問題	1	2	3	4
26	①	②	③	❹
27	①	❷	③	④
28	①	②	❸	④
29	①	②	③	❹
30	❶	②	③	④

問題 5

問題	1	2	3	4
31	①	②	❸	④
32	❶	②	③	④
33	①	❷	③	④
34	❶	②	③	④
35	①	②	③	❹

問題 1

問題	1	2	3	4
1	❶	②	③	④
2	①	❷	③	④
3	❶	②	③	④
4	①	②	❸	④
5	①	❷	③	④
6	①	❷	③	④
7	①	②	③	❹
8	①	❷	③	④

問題 2

問題	1	2	3	4
9	①	②	③	❹
10	①	❷	③	④
11	①	②	❸	④
12	❶	②	③	④
13	①	②	❸	④
14	❶	②	③	④

問題 3

問題	1	2	3	4
15	①	②	❸	④
16	①	②	❸	④
17	❶	②	③	④
18	①	②	③	❹
19	①	❷	③	④
20	❶	②	③	④
21	①	②	③	❹
22	①	②	❸	④
23	①	❷	③	④
24	①	②	③	❹
25	❶	②	③	④

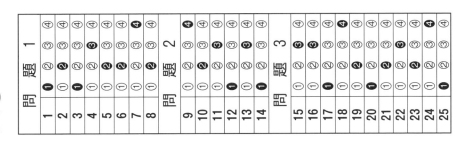

N3 解答 「げんごちしき（ぶんぽう）・どっかい」

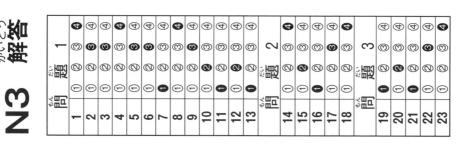

問題 1

問	①	②	③	④
1	①	②	③	❹
2	①	②	❸	④
3	①	②	❸	④
4	①	②	❸	④
5	①	②	③	❹
6	①	❷	③	④
7	❶	②	③	④
8	①	②	③	❹
9	①	②	③	❹
10	❶	②	③	④
11	①	②	③	❹
12	❶	②	③	④
13	❶	②	③	④

問題 2

問	①	②	③	④
14	①	②	③	❹
15	①	❷	③	④
16	❶	②	③	④
17	①	②	❸	④
18	①	②	③	❹

問題 3

問	①	②	③	④
19	❶	②	③	④
20	①	❷	③	④
21	❶	②	③	④
22	①	②	❸	④
23	①	②	③	④

問題 4

問	①	②	③	④
24	①	②	③	❹
25	①	②	③	❹
26	①	②	③	❹
27	①	❷	③	④

問題 5

問	①	②	③	④
28	❶	②	③	④
29	①	②	❸	④
30	①	②	❸	④
31	❶	②	③	④
32	①	②	❸	④
33	①	②	③	❹

問題 6

問	①	②	③	④
34	①	②	❸	④
35	①	②	❸	④
36	①	②	③	❹
37	①	②	③	❹

問題 7

問	①	②	③	④
38	①	②	③	❹
39	①	②	③	❹

N3 解答（かいとう）

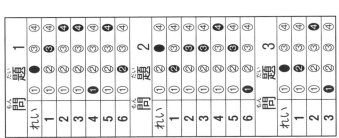

解答

問題1

問（もん）	1	2	3	4
れい	●	②	③	④
1	①	②	❸	④
2	①	②	❸	④
3	①	②	❸	④
4	❶	②	③	④
5	①	②	③	④
6	①	②	③	④

問題2

問（もん）	1	2	3	4
れい	①	②	●	④
1	①	②	③	④
2	①	②	❸	④
3	①	②	❸	④
4	①	②	③	❹
5	①	②	❸	④
6	①	❷	③	④

問題3

問（もん）	1	2	3	4
れい	①	②	●	④
1	①	②	③	④
2	①	②	③	❹
3	❶	②	③	④

「ちょうかい」

問題4

問（もん）	1	2	3
れい	●	②	③
1	①	❷	③
2	①	②	③
3	①	②	❸
4	❶	②	③

問題5

問（もん）	1	2	3
れい	●	②	③
1	①	②	③
2	①	②	③
3	①	②	③
4	①	②	③
5	①	❷	③
6	❶	②	③
7	❶	②	③
8	①	②	③
9	❶	②	③

「聴解」問題スクリプト

（M：男性　F：女性）

問題1　　　トラック4

　　問題1では、まず質問を聞いてください。それから話を聞いて、問題用紙の1から4の中から、最もよいものを一つ選んでください。では、練習しましょう。

例　　　トラック5

夫と妻が話しています。夫はこのあとまず何をしますか。

M：ちょっと本屋に雑誌を買いに行ってくる。帰りに郵便局と銀行に寄るよ。

F：じゃあ、この手紙、出してきてくれない？

M：いいよ。

F：忘れないように先に郵便局に行ってくれる？

M：うん。そうするよ。

F：遅くなるなら電話してね。

M：分かった。

夫はこのあとまず何をしますか。

最もよいものは2番です。解答用紙の問題1の例のところを見てください。最もよいものは2番ですから、答えはこのように書きます。

では、始めます。

1番　　　トラック6

家で母親と息子が話しています。息子はこれから何をしますか。

F：おばあちゃんを病院へ迎えに行かなくちゃいけないから、料理の続きしといてくれない？

M：いいよ。

F：野菜は切ったから、塩とこしょうを適当に入れて、いためといて。

M：はあい。

F：それと、できれば魚を煮てほしいな。前に一緒に作ったの覚えてる？　難しければ、焼いて
　　もいいよ。

M：覚えてるから、大丈夫だよ。卵もゆでとこうか。

F：うーん、野菜も魚もいろいろあるから、いいよ。

M：分かった。

息子はこれから何をしますか。

2番　　　トラック7

会社で男の人と女の人が話しています。男の人はこのあとまず何をしますか。

F：会議の準備はどう？

M：資料、印刷したよ。あとはパソコンを運ぶんだっけ？

F：そう。だけど、パソコンは鈴木くんにお願いしてあるからやらなくて大丈夫だよ。あとは椅
　　子と机を並べて、机の上に資料を置いといてほしいな。

M：ＯＫ。机と椅子はいくつ並べればいい？

F：椅子は4つ、机は2つよろしく。ここにあるのを持ってって。

M：分かった。あ、会議室の鍵開けた？

F：まだ開けてない。悪いけど、借りに行ってきてくれない？

M：分かった。

男の人はこのあとまず何をしますか。

3番　　トラック8

女の人と男の人が話しています。女の人は友達に何をプレゼントしますか。

F：友達が新しいお店開いたんだけど、花が好きだから、お祝いはやっぱり花かな？

M：そうだな。花はいいけど枯れちゃうから、長く飾ってもらえるものがいいんじゃない？

F：そうだね。何かあるかな？

M：猫の置き物なんかどう？　お客さんをたくさん呼び込んでくれるって言うし。

F：友達、猫苦手なんだって。

M：じゃあ、きれいな花瓶はどう？　そのまま飾ってもいいし、花を入れて飾ってもいいし。

F：そうだけど、危なくないかな？　最近地震が多いし。

M：そうか。割れるかもしれないね。だったら、花の絵はどう？

F：花が好きな友達にはそれがいいかもね。そうする。

女の人は友達に何をプレゼントしますか。

4番　　トラック9

会社説明会で社員がインターンシップについて話しています。参加したい学生はまず何をしなければなりませんか。

M：では、最後にインターンシップの申し込みについて説明します。参加をご希望の方は会社のホームページから申し込んでください。インターンシップを希望する時間や仕事の種類についてアンケートに答えてください。そのあと、テストを受けてください。テストを受けた方には面接の日時をお知らせします。面接を受けるときに、履歴書を提出してください。説明は以上です。それでは、たくさんの申し込みをお待ちしています。

参加したい学生はまず何をしなければなりませんか。

5番　　トラック10

会社で男の人と女の人が話しています。女の人はこのあとまず何をしますか。

M：本日 3 時にお約束のお客様だけど……。

F：はい、スター社の山本様ですよね。

M：そう。あと10分ぐらいでいらっしゃるから。それで、昨日は 5 階の会議室って言ったんだけど、4 階に変更したから、そっちにご案内して。私もすぐに行くので。

F：はい。分かりました。4 階の会議室ですね。

M：うん。それからお飲み物もお出しして。今日は暑いから、アイスコーヒーか冷たいお茶を。

F：はい。あ、さっき 5 階の冷房をつけといたんですが、4 階もつけときましょうか。

M：あ、それはさっきしといたからいいよ。

F：分かりました。

M：じゃあ、そろそろお客様がいらっしゃる時間だから、下の受付でお客様をお待ちして。

F：はい。分かりました。

女の人はこのあとまず何をしますか。

6番　　トラック11

テニスコートの受付で男の人と女の人が話しています。男の人はこのあとまず何をしますか。

M：すみません、この公園のテニスコートを予約したいんですが……。

F：市民カードはお持ちですか。テニスコートのご利用には、市民カードが必要です。

M：あ、まだ持っていません。ここで作れますか。

F：ここはテニスコートの受付なので、公園の総合窓口で発行いたします。公園入口すぐ横にある建物の中にありますよ。

M：分かりました。あのう、今日の午後、空いていればコートを利用したいんですけど……。

F：今、お調べしますね。お待ちください……。予約のキャンセルがあったので、ご利用いただけます。市民カードが発行されたら、施設利用券を買って、またこちらの受付に来てください。

M：分かりました。

F：市民カードの番号を入力したら、インターネットでコートの利用状況が見られますよ。確認してみてくださいね。

M：はい、ありがとうございます。

男の人はこのあとまず何をしますか。

問題 2　　　トラック12

　問題 2 では、まず質問を聞いてください。そのあと、問題用紙を見てください。読む時間があります。それから話を聞いて、問題用紙の 1 から 4 の中から、最もよいものを一つえらんでください。では、練習しましょう。

例　　　トラック13

女の人と男の人が話しています。男の人はどうしてパーティーに行きませんか。

F：今日のパーティー、どうして行かないの？　どこか具合でも悪いの？
M：いや、どこも悪くないよ。
F：じゃあ、パーティーの会費が高いから？
M：いや、そうは思わないよ。でも……。
F：どうしたの？
M：ちょっと会いたくない人がいて……。
F：そっか。それじゃ、しかたないね。最近、疲れているようだったから心配したよ。
M：うん。

男の人はどうしてパーティーに行きませんか。

最もよいものは 3 番です。解答用紙の問題 2 の例のところを見てください。最もよいものは 3 番ですから、答えはこのように書きます。
では、始めます。

1番　　トラック14

会社で女の人と男の人が話しています。男の人はどうして新しい腕時計を買いましたか。

F：あ、それ、新しい腕時計だよね。この間、なくしちゃったって言ってたけど、見つからなかったの？

M：いや、スーツのポケットに入ってたんだ。でも、そのあと壊れちゃって。

F：えー。残念だね。

M：修理すれば直るって言われたんだけど、高くて。だから、新しいのを買おうって思ったんだ。

F：そうだったんだ。でも、新しいのうらやましいな。今の、何年も使ってるから、新しいのが欲しいんだよね。

M：そういえば、僕が買ったお店、明日から5日間、3割引きのセールをやるって。

F：え、そうなんだ！　買っちゃおうかな。

男の人はどうして新しい腕時計を買いましたか。

2番　　トラック15

男の学生と女の学生が昼ご飯について話しています。二人はどうしてうどん屋に行きませんか。

M：今日のお昼、駅前のうどん屋に食べに行かない？

F：うーん。実は、昨日もうどんだったから、他のお店がいいなあ。

M：あのお店、うどん以外にも日替わりの定食メニューがあるから選べるよ。

F：えっ、そうなんだ。うどんだけじゃないんだね。じゃあ、そこでもいいけど、もうすぐ12時だからお店混んでないかな。あの店狭いから。

M：どうだろう。とりあえず、行ってみようよ。

F：うん。あっ、ちょっと待って、今日何曜日？

M：水曜日だけど……。あっ、そっか。今日は定休日だった。

F：じゃあ、今日は学食に行こう。

二人はどうしてうどん屋に行きませんか。

3番　　トラック16

男の人が女の人にインタビューをしています。女の人はどうしてこの活動をしようと思いましたか。

M：加藤さんはライフセーバーとして海での事故を防ぐ活動をしているそうですね。

F：はい、7月から8月の約1か月、お客様の安全の確認やけがをした人の手当てをします。それから迷子のお子さんのお世話もします。

M：どうしてこの活動をしようと思ったんですか。

F：はい、私は海が好きで、毎年この町の海に来ています。ここでたくさんの友達や知り合いもできました。それで、この町の人のために何かしたいと思ったんです。

M：そうですか。

F：女性のライフセーバーはまだ少ないので、これからも活動を続けたいと思います。

M：はい、今日はありがとうございました。

女の人はどうしてこの活動をしようと思いましたか。

4番　　トラック17

テレビで女の人が話しています。女の人は何のために早起きをしていますか。

F：よく「朝の時間を大切にするといい」と言いますよね。専門家によると、朝、早起きをして勉強するのは、夜よりも頭がよく働くそうですし、朝の運動は、朝ご飯を食べる前にすると一番ダイエット効果があるそうです。そして、しっかり朝ご飯を食べると、おなかがすいていらいらすることもなくなるんだそうです。私は仕事と家族の世話で毎日忙しく、一人の時間がなかなかありません。だから、家族よりも早く起きて、コーヒーを飲みながら本を読んだり、音楽を聞いたりしています。

女の人は何のために早起きをしていますか。

5番　　　トラック18

うちで夫と妻が話しています。夫はどうして今日外で食事をしませんでしたか。

M：ただいま。

F：おかえり。あれ、今日は外で食べてくるんじゃなかった？　食事会って言ってたから、あなたの夕飯作ってないよ。

M：じゃあ、自分で好きなものを作って食べるよ。

F：分かった。それにしてもどうしたの？　具合でも悪いの？

M：いや、確かに今日は少し頭が痛かったけど、そうじゃなくて。

F：食事会の日を間違えてたとか……。

M：お、よく分かったね。食事会、明日なんだって。僕、ちゃんと日にちを覚えてなかったみたい。

F：もう、しっかりしてよね。

M：ごめん、ごめん。気をつけるよ。

F：まあ、あなた最近外で食べることが多かったから、うちでご飯を食べてくれるのはうれしいけど。

夫はどうして今日外で食事をしませんでしたか。

6番　　　トラック19

女の人と男の人が話しています。男の人はどうして一人暮らしを始めましたか。

F：田中くん、一人暮らし始めたんだって？

M：うん。先週からね。僕も自分のことは自分でやりたくなったんだよ。

F：へえ、ちょっと前はお金もかかるし料理や掃除も面倒って言ってた人がずいぶん変わったね。

M：まあね。もう社会人だし、いつまでも誰かに頼ってばかりじゃだめだって、ちゃんと考えたんだよ。

F：ふうん。えらいね。かわいがってた猫はどうするの？

M：うちのアパート、ペットOKなんだ。だから連れてきたよ。

F：へえ。そうなんだ。よかったね。

M：落ち着いたら友達みんなを呼ぼうと思ってるから、そのときは遊びに来てよ。僕が料理作るから。

Ｆ：うん。楽しみにしてる。

男の人はどうして一人暮らしを始めましたか。

ここで、ちょっと休みましょう。（音楽）では、また続けます。　　トラック20

　問題3では、問題用紙に何も印刷されていません。この問題は、全体としてどんな内容かを聞く問題です。話の前に質問はありません。まず話を聞いてください。それから、質問と選択肢を聞いて、1から4の中から、最もよいものを一つ選んでください。では、練習しましょう。

例　　　トラック22

テレビで男の人が話しています。

M：寒い冬が終わり、暖かい季節になりました。今年の春休みは家族でどこかに泊まりに行きたいと考えています。場所はまだ決めていませんが、桜がきれいな場所で写真を撮りたいと思っています。

何について話していますか。
1．映画
2．旅行
3．天気
4．買い物

最もよいものは2番です。解答用紙の問題3の例のところを見てください。最もよいものは2番ですから、答えはこのように書きます。
では、始めます。

1番　　トラック23

大学の授業で教授が話しています。

M：最近、授業で新聞を使う小学校が増えています。では、新聞を使ってどのように授業を行う
　　かについて紹介しましょう。たとえば、下の学年では、新聞に出ている人のことをみんなで
　　調べて、その人の生き方や努力したことについて学習するという授業があります。上の学年
　　では、テーマを決めて新聞記事を集めるという授業があります。集めたら、それらの新聞記
　　事について自分の考えをまとめて、新しい新聞記事を作ります。

教授は主に何について話していますか。
　　1．授業で新聞を使う理由
　　2．新聞を使う授業の紹介
　　3．新聞記事を集める方法
　　4．新聞記事の作り方

2番　　トラック24

テレビで男の人がインタビューに答えています。

M：私は60歳で会社を辞めてずっと家にいるようになったんですが、最近、犬を飼い始めました。
　　犬と一緒に散歩をすれば自分も運動不足にならないだろうと思ったんです。でも、実際に
　　やってみると毎日散歩するのは大変で、ずっと続けられるか不安に思うこともありました。
　　それでも続けていたら、犬を見て声をかけてくれる人が出てきて、いつの間にか知り合いが
　　増えました。今まで話す機会のなかった人とも話すようになり、近所の人との付き合いも増
　　えました。今では毎日楽しく散歩をしています。

男の人は主に何について話していますか。
　　1．犬を飼い始めた理由
　　2．運動不足への不安
　　3．近所の人との付き合い方
　　4．犬の散歩を続けてよかったこと

3番　　　トラック25

テレビでアナウンサーが話しています。

F：最近、日本に来て、温泉を楽しむ外国の人が増えています。先日、静岡県にある温泉でインタビューしたところ、「富士山を見ながら温泉に入っている写真をインターネットで見て感動して来た」とか「温泉に入ると疲れが取れるからおすすめだと友達に聞いて来た」と話していました。「アニメに出てくる温泉旅館を見てみたいから来た」と言う方もいました。外国でも日本の温泉が有名になったことが理由のようですね。

アナウンサーは何について話していますか。
　　1．温泉に来る外国の人が増えた理由
　　2．外国の人が温泉に感動する理由
　　3．外国の人が温泉をすすめる理由
　　4．外国で日本の温泉が有名な理由

　問題4では、絵を見ながら質問を聞いてください。矢印の人は何と言いますか。1から3の中から、最もよいものを一つ選んでください。では、練習しましょう。

例　　　トラック27

授業中、先生の話がよく聞こえませんでした。先生に何と言いますか。

F：1．すみません、もう一度お願いします。

　　2．すみません、もう一度おっしゃいますか。

　　3．すみません、もう一度聞きます。

最もよいものは1番です。解答用紙の問題4の例のところを見てください。最もよいものは1番ですから、答えはこのように書きます。
では、始めます。

1番　　　トラック28

同僚が暑そうです。クーラーをつけてあげようと思います。何と言いますか。

F：1．クーラー、つけていただけませんか。

　　2．クーラー、つけましょうか。

　　3．クーラー、つけたらどうですか。

2番　　　トラック29

教科書を忘れてしまいました。隣の人に見せてもらいたいです。何と言いますか。

M：1．すみません、教科書一緒に見させてもいいですか。

　　2．すみません、教科書一緒に見せてくれてもいいですか。

　　3．すみません、教科書一緒に見てもいいですか。

3番 トラック30

デパートに大きいスーツケースを買いに来ました。ここには小さいスーツケースしかありません。店員に何と言いますか。

F：1．すみません、もう少し大きいのはありませんか。
　　2．すみません、もう少し大きくしていただけませんか。
　　3．すみません、もう少し大きくなりませんか。

4番 トラック31

子どもがジュースを飲みたがっています。子どもに何と言いますか。

F：1．ジュース、飲む？　買ってあげようか。
　　2．ジュース、飲む？　飲んであげようか。
　　3．ジュース、飲む？　貸してあげようか。

　問題5では、問題用紙に何も印刷されていません。まず文を聞いてください。それから、その返事を聞いて、1から3の中から、最もよいものを一つ選んでください。では、練習しましょう。

例　　　トラック33

F：すみません、隣の席、いいですか。

M：1．ええ、どうも。
　　2．ええ、どうぞ。
　　3．ええ、どういたしまして。

最もよいものは2番です。解答用紙の問題5の例のところを見てください。最もよいものは2番ですから、答えはこのように書きます。
では、始めます。

1番　　　トラック34
M：約束の時間に遅れてしまい、申し訳ございません。

F：1．いえ、もうすぐ着きますよ。
　　2．じゃあ、遅れなかったんですね。
　　3．いいえ。気にしないでください。

2番　　　トラック35
F：卒業式のとき、先生に何を差し上げたらいいと思う？

M：1．お花をいただけるかもしれない。
　　2．お花がいいんじゃない？
　　3．うん。何をくださるんだろうね。

3番　　　トラック36

F：明日の面接、どきどきするなあ。

M：1．そうだね、びっくりするね。

　　2．うん、ときどきしてるよ。

　　3．そんなに心配することはないと思うよ。

4番　　　トラック37

M：来週の打ち合わせで新しい商品についても説明させていただけないでしょうか。

F：1．来週は説明できないということですね。

　　2．説明させてもらうのは難しいんですが。

　　3．説明ですか。時間が取れないかもしれません。

5番　　　トラック38

F：今日、夕方から雨だそうですよ。

M：1．そうですね、もう降っていませんよ。

　　2．え、こんなにいい天気なのに。

　　3．さあ、ちょっと分かりませんが。

6番　　　トラック39

M：物理のレポートの提出、明日までだったよね？

F：1．そうだっけ？　忘れてた。

　　2．じゃあ、図書館に返しに行かなきゃ。

　　3．ううん、まだやってないみたい。

7番　　トラック40

M：お客様、こちらでの撮影はご遠慮ください。

F：1．あ、すみません。

　　2．はい、遠慮します。

　　3．ええ、ご遠慮なく。

8番　　トラック41

F：課長、取り引き先での会議のあと、何時に会社に戻られますか。

M：1．うん、戻しておいてね。

　　2．3時には戻れないよ。

　　3．あ、戻らないことになったから。

9番　　トラック42

M：壊れたコピー機の修理、いつ来るって？

F：1．すぐに来てくれるって言ってたよ。

　　2．そうだね。早く来たいんだけど。

　　3．いや、あんまり知らないんだって。

正答数記入表
せいとうすうきにゅうひょう

名 前	
な まえ	

◎：よくできています。　　○：続けて勉強しましょう。　　△：もっと勉強しましょう。

試験科目		分野			正答数／問いの数		◎	○	△
		問題番号	解答番号						
言語知識	文字・語彙	問題1	1～8	漢字読み		/8	8	7-5	4-0
		問題2	9～14	表記		/6	6	5-4	3-0
		問題3	15～25	文脈規定		/11	11-10	9-7	6-0
		問題4	26～30	言い換え類義		/5	5	4-3	2-0
		問題5	31～35	用法		/5	5	4-3	2-0
		文字・語彙 計			(%)	/35			
言語知識・読解	文法	問題1	1～13	文の文法1（文法形式の判断）		/13	13-12	11-8	7-0
		問題2	14～18	文の文法2（文の組み立て）		/5	5	4-3	2-0
		問題3	19～23	文章の文法		/5	5	4-3	2-0
		文法 計			(%)	/23			
	読解	問題4	24～27	内容理解（短文）		/4	4	3	2-0
		問題5	28～33	内容理解（中文）		/6	6	5-4	3-0
		問題6	34～37	内容理解（長文）		/4	4	3	2-0
		問題7	38～39	情報検索		/2	2	1	0
		読解 計			(%)	/16			
聴解		問題1	1～6	課題理解		/6	6	5-4	3-0
		問題2	1～6	ポイント理解		/6	6	5-4	3-0
		問題3	1～3	概要理解		/3	3	2	1-0
		問題4	1～4	発話表現		/4	4	3	2-0
		問題5	1～9	即時応答		/9	9-8	7-6	5-0
		聴解 計			(%)	/28			

29

著者
千駄ヶ谷日本語教育研究所（せんだがやにほんごきょういくけんきゅうじょ）

イラスト
合同会社マンガスペース

表紙デザイン
岡本健＋

にほんごのうりょくしけんエヌさん　もぎ　いち
日本語能力試験Ｎ３　模擬テスト〈１〉

2020年3月10日　初版第1刷発行

著　者　千駄ヶ谷日本語教育研究所
　　　　せんだがやにほんごきょういくけんきゅうじょ
発行者　藤嵜政子
発　行　株式会社スリーエーネットワーク
　　　　〒102-0083　東京都千代田区麹町3丁目4番
　　　　　　　　　　トラスティ麹町ビル2F
　　　　電話　営業　03（5275）2722
　　　　　　　編集　03（5275）2725
　　　　https://www.3anet.co.jp/
印　刷　萩原印刷株式会社

■ 新完全マスターシリーズ

●新完全マスター漢字
日本語能力試験N1
1,200円+税　（ISBN978-4-88319-546-6）
日本語能力試験N2（CD付）
1,400円+税　（ISBN978-4-88319-547-3）
日本語能力試験N3
1,200円+税　（ISBN978-4-88319-688-3）
日本語能力試験N3 ベトナム語版
1,200円+税　（ISBN978-4-88319-711-8）
日本語能力試験N4
1,200円+税　（ISBN978-4-88319-780-4）

●新完全マスター語彙
日本語能力試験N1
1,200円+税　（ISBN978-4-88319-573-2）
日本語能力試験N2
1,200円+税　（ISBN978-4-88319-574-9）
日本語能力試験N3
1,200円+税　（ISBN978-4-88319-743-9）
日本語能力試験N3 ベトナム語版
1,200円+税　（ISBN978-4-88319-765-1）

●新完全マスター読解
日本語能力試験N1
1,400円+税　（ISBN978-4-88319-571-8）
日本語能力試験N2
1,400円+税　（ISBN978-4-88319-572-5）
日本語能力試験N3
1,400円+税　（ISBN978-4-88319-671-5）
日本語能力試験N3 ベトナム語版
1,400円+税　（ISBN978-4-88319-722-4）
日本語能力試験N4
1,200円+税　（ISBN978-4-88319-764-4）

●新完全マスター単語
日本語能力試験N2 重要2200語
1,600円+税　（ISBN978-4-88319-762-0）
日本語能力試験N3 重要1800語
1,600円+税　（ISBN978-4-88319-735-4）

●新完全マスター文法
日本語能力試験N1
1,200円+税　（ISBN978-4-88319-564-0）
日本語能力試験N2
1,200円+税　（ISBN978-4-88319-565-7）
日本語能力試験N3
1,200円+税　（ISBN978-4-88319-610-4）
日本語能力試験N3 ベトナム語版
1,200円+税　（ISBN978-4-88319-717-0）
日本語能力試験N4
1,200円+税　（ISBN978-4-88319-694-4）
日本語能力試験N4 ベトナム語版
1,200円+税　（ISBN978-4-88319-725-5）

●新完全マスター聴解
日本語能力試験N1（CD付）
1,600円+税　（ISBN978-4-88319-566-4）
日本語能力試験N2（CD付）
1,600円+税　（ISBN978-4-88319-567-1）
日本語能力試験N3（CD付）
1,500円+税　（ISBN978-4-88319-609-8）
日本語能力試験N3 ベトナム語版（CD付）
1,500円+税　（ISBN978-4-88319-710-1）
日本語能力試験N4（CD付）
1,500円+税　（ISBN978-4-88319-763-7）

■読解攻略！
日本語能力試験
N1 レベル
1,400円+税
（ISBN978-4-88319-706-4）

CD付
各冊900円+税

■ 日本語能力試験模擬テスト

●日本語能力試験N1
模擬テスト
〈1〉（ISBN978-4-88319-556-5）
〈2〉（ISBN978-4-88319-575-6）
〈3〉（ISBN978-4-88319-631-9）
〈4〉（ISBN978-4-88319-652-4）

●日本語能力試験N2
模擬テスト
〈1〉（ISBN978-4-88319-557-2）
〈2〉（ISBN978-4-88319-576-3）
〈3〉（ISBN978-4-88319-632-6）
〈4〉（ISBN978-4-88319-653-1）

スリーエーネットワーク
ウェブサイトで新刊や日本語セミナーをご案内しております。
https://www.3anet.co.jp/

もんだいようし

Language Knowledge
（Vocabulary）

日本語能力試験N3　模擬テスト〈1〉

スリーエーネットワーク

もじ・ごい

N3

げんごちしき（もじ・ごい）

（30ぷん）

ちゅうい
Notes

1. しけんが はじまるまで、この もんだいようしを あけないで ください。

   Do not open this question booklet until the test begins.

2. この もんだいようしを もって かえる ことは できません。

   Do not take this question booklet with you after the test.

3. じゅけんばんごうと なまえを したの らんと かいとうようしに かいて ください。

   Write your examinee registration number and name clearly in each box below and on the answer sheet.

4. この もんだいようしは、ぜんぶで 7ページ あります。

   This question booklet has 7 pages.

5. もんだいには かいとうばんごうの 1 、 2 、 3 …が ついて います。かいとうは、かいとうようしに ある おなじ ばんごう の ところに マークして ください。

   One of the row numbers 1 , 2 , 3 … is given for each question. Mark your answer in the same row of the answer sheet.

じゅけんばんごう　Examinee Registration Number	

なまえ　Name	

問題1 _____ のことばの読み方として最もよいものを、1・2・3・4から一つ
えらびなさい。

1 新しい小型のカメラが買いたい。
   1　こがた　　　　　2　しょうがた　　　3　こけい　　　　　4　しょうけい

2 授業で木の根の絵をかいた。
   1　は　　　　　　　2　ね　　　　　　　3　えだ　　　　　　4　たね

3 父は大けがをして、足を手術した。
   1　しゅじゅつ　　　2　しゅうじゅつ　　3　しゅうじつ　　　4　しゅじつ

4 今日やる仕事は全部済んだ。
   1　つんだ　　　　　2　やんだ　　　　　3　すんだ　　　　　4　よんだ

5 この会社では車を製造している。
   1　そうぞう　　　　2　せいぞう　　　　3　そうそう　　　　4　せいそう

6 ここから見て駅はどの方角にありますか。
   1　ほうかく　　　　2　ほうがく　　　　3　ほうこう　　　　4　ほうかど

7 危ないので結んでください。
   1　つかんで　　　　2　ならんで　　　　3　はさんで　　　　4　むすんで

8 本の目次を見れば、その本の全体がわかる。
   1　めいじ　　　　　2　もくじ　　　　　3　まくじ　　　　　4　めじ

問題2 ＿＿＿＿のことばを漢字で書くとき、最もよいものを、1・2・3・4から一つ
えらびなさい。

9 彼はきゅうようを思い出したと言って先に帰った。
    1 求要   2 求用   3 急要   4 急用

10 クラスの先生にしんがくについて相談する。
    1 選学   2 進学   3 造学   4 送学

11 体に悪いところがないか、病院でけんさする。
    1 検算   2 調算   3 検査   4 調査

12 れんきゅうに家族で旅行をする。
    1 連休   2 練休   3 運休   4 遠休

13 引っ越すので机の引き出しをからにした。
    1 完   2 無   3 空   4 済

14 今の給料では、生活がくるしい。
    1 苦しい   2 難しい   3 若しい   4 悲しい

問題3　（　　　）に入れるのに最もよいものを、1・2・3・4から一つえらびなさい。

15　つらいときもあったが、弟は最後まで（　　　）。

1　あきなかった　　　　　　　　　2　あわてなかった

3　あきらめなかった　　　　　　　4　あまなかった

16　掃除をしないルームメイトに（　　　）があるが、なかなか言えない。

1　欠点　　　　　2　短所　　　　　3　不満　　　　　4　不足

17　この（　　　）ではいろいろな国の人が働いている。

1　オフィス　　　　2　ベンチ　　　　3　ロッカー　　　　4　レジャー

18　遊園地で子どもに風船が無料で（　　　）。

1　つつまれた　　　2　あげられた　　　3　出された　　　4　くばられた

19　大雨で登山が1週間後に（　　　）になった。

1　延長　　　　　2　延期　　　　　3　停止　　　　　4　休止

20　朝から熱があって、立ち上がると（　　　）する。

1　ふらふら　　　2　くるくる　　　3　しっかり　　　4　さっぱり

21　スポーツをしていて中指の爪が（　　　）しまった。

1　こわれて　　　2　われて　　　　3　やぶけて　　　4　わかれて

22　1時間も友達を待っていたのに会えなかったので、時間が（　　　）になってしまった。

1　無用　　　　　2　駄目　　　　　3　無駄　　　　　4　無理

23　風邪かもしれないと思い、（　　　）を測った。

1　気温　　　　　2　体温　　　　　3　熱度　　　　　4　温度

24 3時間かけて、ようやく料理が（　　　　）。

1　でむかえた　　　2　であった　　　　3　でかけた　　　　4　できあがった

25 子どもの成長のためには（　　　　）をバランスよく取ることが大切だ。

1　栄養<ruby>栄養<rt>えいよう</rt></ruby>　　　　2　経験<ruby>経験<rt>けいけん</rt></ruby>　　　　3　環境<ruby>環境<rt>かんきょう</rt></ruby>　　　　4　教育<ruby>教育<rt>きょういく</rt></ruby>

問題4 _____ に意味が最も近いものを、1・2・3・4から一つえらびなさい。

26 試合で<u>こっせつして</u>しまった。

1 ころんで　　　　2 あたまをうって　3 けがをさせて　　4 ほねをおって

27 料理に使った野菜が<u>あまった</u>。

1 少なくなった　　2 のこった　　　　3 ふえた　　　　　4 多かった

28 家の<u>むかい</u>にレストランができた。

1 となり　　　　　2 した　　　　　　3 まえ　　　　　　4 うしろ

29 買ってきた肉が<u>くさった</u>。

1 かたくなった　　2 まずくなった　　3 しろくなった　　4 わるくなった

30 今年、<u>流行している</u>色は赤だ。

1 はやっている　　2 知られている　　3 使われている　　4 決まっている

問題5　つぎのことばの使い方として最もよいものを、1・2・3・4から一つ
　　　えらびなさい。

31　たたむ
1　足をたたんで座っていたら、足が痛くなった。
2　友達に教科書を貸したら、ページをたたまれてしまった。
3　洗ったシャツをきれいにたたんでおいた。
4　友達が来るので、本棚の本をきれいにたたんでおいた。

32　すらすら
1　彼女は日本語の本がすらすら読める。
2　水道工事はすらすら終わった。
3　彼は授業中すらすら眠っていた。
4　妹は背が高くてすらすらしている。

33　通勤
1　子どものころ、中学校に自転車で通勤していた。
2　わたしが働いている会社は家から遠いので、通勤するのがとても大変だ。
3　先週、仕事でアメリカに5日間通勤した。
4　わたしは毎日、午前9時から午後5時まで8時間通勤している。

34　苦労
1　母は看護師の仕事をしながら苦労してわたしを育ててくれた。
2　昨日から熱があり、頭痛に苦労している。
3　まだ病気が治ったばかりだから、あまり苦労しないでください。
4　試験があるので、来週から勉強を苦労します。

35 冷(さ)める

1 暑(あつ)い日にはよく<u>冷(さ)めた</u>水が飲みたくなる。

2 教室が<u>冷(さ)めている</u>ので、暖房(だんぼう)をつけた。

3 スピーチを始めたら緊張(きんちょう)が<u>冷(さ)めた</u>。

4 このスープは<u>冷(さ)めて</u>いておいしくない。

Language Knowledge（Grammar）・
Reading

N3

げんご ち しき
言語知識（文法）・読解
ぶんぽう　　　　　　どっかい

（70分）

注　意
Notes

1．試験が始まるまで、この問題用紙を開けないでください。
   Do not open this question booklet until the test begins.

2．この問題用紙を持って帰ることはできません。
   Do not take this question booklet with you after the test.

3．受験番号と名前を下の欄と解答用紙に書いてください。
   じゅけんばんごう　　　　　　　　　　らん
   Write your examinee registration number and name clearly in each box below and on the answer sheet.

4．この問題用紙は、全部で17ページあります。
   ぜんぶ
   This question booklet has 17 pages.

5．問題には解答番号の　1　、　2　、　3　…が付いています。解答は、
   かいとうばんごう　　　　　　　　　　　　　　　　　　　　　つ　　　　　かいとう
   解答用紙にある同じ番号のところにマークしてください。
   かいとう　　　　　　　　ばんごう
   One of the row numbers　1　,　2　,　3　… is given for each question. Mark your answer in the same row of the answer sheet.

受験番号　Examinee Registration Number	
じゅけんばんごう	

名　前　Name	

問題1　つぎの文の（　　　）に入れるのに最もよいものを、1・2・3・4から一つ
　　　えらびなさい。

1　私（　　　）この時計は、祖母からもらった大切なものだ。
　　1　によって　　　　2　にたいして　　　　3　において　　　　4　にとって

2　父は海外出張に行く（　　　）、その国の有名な物を買ってきてくれる。
　　1　かぎりに　　　　2　うちに　　　　　　3　たびに　　　　　4　ほどに

3　私は親友だ（　　　）お金の貸し借りはしないようにしている。
　　1　としたら　　　　2　とすると　　　　　3　としても　　　　4　とすれば

4　A「本当にごめん。僕が悪かったよ。」
　　B「（　　　）謝っても許さない。」
　　1　ぜひ　　　　　　2　まるで　　　　　　3　めったに　　　　4　いくら

5　専門家が健康にいいと勧めている方法でも、それが自分にも合う（　　　）。
　　1　ばかりではない　　　　　　　　　　2　つもりがない
　　3　とはかぎらない　　　　　　　　　　4　ところではない

6　（　　　）日本へ留学に来たのだから、日本人の友達をたくさん作りたい。
　　1　どうしても　　　2　ぜひ　　　　　　3　せっかく　　　　4　きっと

7　毎日すると決めたことを続ける（　　　）、思っているより難しいことだ。
　　1　のは　　　　　　2　ので　　　　　　3　のに　　　　　　4　のなら

8　A「休日はいつも何を（　　　）いるんですか。」
　　B「家でのんびり読書をしていることが多いです。」
　　1　お読みになって　　　　　　　　　　2　いらっしゃって
　　3　いたして　　　　　　　　　　　　　4　なさって

　1

9 A「ダイエットをしすぎて病気に（　　　　）、食べたい物を食べたほうがいいよ。」

　　B「うん。わかったよ。」

1　なるぐらいでは　　　　　　　　　　2　なったぐらいでは

3　なるぐらいなら　　　　　　　　　　4　なったぐらいなら

10 A「来月のパーティー、（　　　　）教えてくださいね。」

　　B「ええ、予定を見てまたご連絡します。」

1　行けることにしても　　　　　　　　2　行けることになったら

3　行ったことにしても　　　　　　　　4　行ったことになったら

11 彼は約束に遅れるとき、いつも連絡をくれない。私も都合があるので、遅れそうな

ときは（　　　　）。

1　連絡してほしいものだ　　　　　　　2　連絡したいものだ

3　連絡してほしいようだ　　　　　　　4　連絡したいようだ

12 A「今日、傘いるかな？」

　　B「さっき天気予報で、今日は曇りだけど雨は降らないって言ってたから、

　　　　（　　　　）。」

　　A「そっか、ありがとう。」

1　持って行かなくてもいいものだよ　　2　持って行かなくてもよさそうだよ

3　持って行かなかったらいいものだよ　4　持って行かなかったらよさそうだよ

13 （お店で）

　　客　「テレビが壊れたんですが、直せるでしょうか。」

　　店員「そうですねえ。（　　　　）が、新品を買ったほうが安いですよ。」

1　修理できないことはありません　　　2　修理できるわけがありません

3　修理したことがありません　　　　　4　修理できそうにありません

問題2　つぎの文の ___★___ に入る最もよいものを、1・2・3・4から一つえらびなさい。

(問題例)

　　今晩 _____ _____ __★__ _____ 行きます。

　　　　1　を　　　　　　2　見　　　　　　3　に　　　　　　4　映画

(解答のしかた)

1．正しい答えはこうなります。

　　┌───┐
　　│　今晩 _____ _____ __★__ _____ 行きます。　│
　　│　　　4　映画　　1　を　　2　見　　3　に　　　　　　　│
　　└───┘

2． ___★___ に入る番号を解答用紙にマークします。

　　　　　　　　　(解答用紙)　│(例)│ ① ● ③ ④ │

14　両親から弟 __★__ _____ _____ _____ 言われる。

　　1　ように　　　　2　仲良く　　　　3　する　　　　4　と

15　このクイズ番組は、すぐに _____ _____ _____ __★__ もあるのでおもし
ろい。

　　1　まったく　　　　　　　　　　2　わからない問題

　　3　もあれば　　　　　　　　　　4　わかる問題

16　普段、スマートフォンを _____ _____ __★__ _____ 人は、首や背中が丸
くなりやすいので注意してください。

　　1　が　　　　　　2　こと　　　　　3　多い　　　　4　使う

17　昨日、買った _____ __★__ _____ _____ に忘れてきてしまった。

　　1　店　　　　　　2　かさを　　　　3　の　　　　　4　ばかり

18　首相が次の選挙に出ない _____ _____ _____ __★__ 新聞記事を読んだ。

　　1　言った　　　　2　はっきり　　　3　と　　　　　4　という

問題3　つぎの文章を読んで、文章全体の内容を考えて、 19 から 23 の中に
入る最もよいものを、1・2・3・4から一つえらびなさい。

下の文章は、今年の春日本に来たアメリカ人留学生が書いた作文である。

旅行で思ったこと

マーク　デービス

　この夏休みに、魚浜町というところへ旅行に行きました。魚浜町のことは、テ
レビで知りました。そこで私のふるさとと 19 の風景が似ていると気づき、行っ
てみることにしたのです。

　魚浜町では、看板やアナウンスで使われている言葉は日本語だけでした。この
町は外国人が 20 。東京は外国人がたくさんいるので、そのような案内は普通日
本語だけでなく英語のものもあります。英語の案内がない町は初めてで、まだあ
まり日本語ができない私は、とても不安になりました。

　旅行中、いろいろな人に習ったばかりの日本語で道をたずねました。 21 、駅員
さんも、バスの運転手さんも、私の質問にとても親切に答えてくれました。 22 、
案内の漢字が読めなくても、アナウンスの日本語がわからなくても、旅行を楽し
むことができました。

　魚浜町には、外国語の案内はありませんでした。そのかわりに、私はそこに住
んでいる人に町を 23 。日本語がたくさん話せて、いい経験になりました。

　今度は冬の風景も見てみたいので、冬休みにまた行きたいと思います。

19

1 その町   2 あの町   3 そんな町   4 あんな町

20

1 少しいるそうです   2 あまりいないようです

3 たくさんいそうです   4 少しはいるようです

21

1 すると   2 しかし   3 そのため   4 つまり

22

1 そのように   2 それから   3 それで   4 そうしても

23

1 案内させられました   2 案内してあげました

3 案内させてもらいました   4 案内してもらいました

問題4　つぎの(1)から(4)の文章を読んで、質問に答えなさい。答えは、1・2・3・4から最もよいものを一つえらびなさい。

(1)

これはグエンさんが面接を受けた会社から届いたメールである。

あて先　：　nguyen03@goukaku-daigaku.ac.jp
件　名　：　一次面接合格と二次面接日時のお知らせ

グエン　ミン　ハイ様

　先日は、当社の一次面接にご参加いただき、ありがとうございました。面接の結果、二次面接に進んでいただくことになりました。二次面接は、25日の14時から当社で行います。集合場所につきましては、明日メールでご連絡いたしますので、そちらでご確認ください。

　なお、このメールをお読みになりましたら、この当社のメールアドレスあてに返信メールをお送りください。

　以上、よろしくお願いいたします。

株式会社令和テレビ
担当：佐藤

24　このメールを読んで、グエンさんがまずしなければならないことは何か。

1　面接を受けに会社に行く。
2　集合場所を会社に確認する。
3　会社からの返信メールを読む。
4　会社にメールを返信する。

(2)

これは田中さんがダーシャさんに書いた手紙である。

ダーシャさんへ

　お元気ですか。わたしは相変わらず元気にしています。結婚式の写真、とても素敵でした。ダーシャさんの幸せそうな笑顔を見て、わたしも幸せな気持ちになりました。せっかく結婚式に招待してくれたのに、行けなくて本当にごめんなさい。アメリカ出張じゃなければ、絶対行ったのに。本当に残念だったな。先週、妹が留学先のカナダから帰ってきたので、家族で北海道に行ってきました。ほんの気持ちですが、お土産を送ります。

田中より

25　田中さんがダーシャさんの結婚式へ行けなかったのは、どうしてか。

1　結婚式に招待されなかったから

2　仕事で外国に行っていたから

3　妹の留学先に遊びに行っていたから

4　北海道へ家族で旅行に行っていたから

(3)

　わたしの家は農家で米を作っている。両親が年を取って大変そうなので、仕事をやめて、米作りを手伝うことにした。最近、健康に注意する人が増えているので、化学的な薬を使わないで米を作ろうと考えた。そして、インターネットで販売を始めた。しかし、なかなか買ってもらえなかった。そこで、以前カメラマンをしていて写真を撮るのが得意なので、薬を使わないで米を作っている様子を写真に撮ってホームページに出すことにした。<u>それ</u>がよかったのか、多くのお客様が買ってくださるようになった。

26　<u>それ</u>とはどういうことか。

1　化学的な薬を使わないで米を作るようになったこと

2　インターネットを使って米を販売するようになったこと

3　以前カメラマンだったので写真を撮るのが得意なこと

4　米を作っている様子を撮影してホームページで見せたこと

(4)

　わたしは15年間マンションを売る仕事をしているが、<u>今でも忘れられないできごと</u>がある。新入社員だったとき、あるお客様に駅の近くにできたマンションがとても便利だと一生懸命(注)説明した。しかし、その方は「そんなに便利じゃなくてもいい。それよりも静かな場所にあるマンションがいい」とおっしゃって、帰ってしまったのだ。このできごとから、わたしの仕事はただマンションの説明をすればいいのではなく、お客様の希望をよく聞いて、それに合ったものを勧めることだと学んだ。

文法・読解

(注) 一生懸命：自分の力を全部使って努力すること

---

27 <u>今でも忘れられないできごと</u>とあるが、どのようなことか。

　1　客の希望に合ったマンションを勧めたが、買ってくれなかったこと
　2　客の希望を聞かずに、駅に近いマンションを勧めてしまったこと
　3　新入社員だったとき、静かな場所にあるマンションを売っていなかったこと
　4　マンションの便利さを一生懸命説明したら、買ってくれたこと

問題5　つぎの(1)と(2)の文章を読んで、質問に答えなさい。答えは、1・2・3・4から最もよいものを一つえらびなさい。

(1)

　買い物から帰ってきて、家に入ろうとしたときのことです。一人の女性が話しかけてきました。「あの花をいただけませんか」と庭の赤い花を指さしたのです。わたしが心をこめて育てている珍しい種類の花で、家の前の道までいい香りがします。

　彼女の娘は目が見えないそうです。その子はいつも人形の顔を触りながら静かにしていますが、花の香りを感じると笑顔になるそうです。それを見ると、家族も笑顔になり、最高の幸せを感じるのだとか。私は彼女に花を差し上げました。

　女性の家族の幸せな姿を想像したとき、わたしは心が温かくなりました。そして、幸せは次から次へと伝わるのだと気づきました。わが家の花が少女を喜ばせ、少女の家族が笑顔になり、その話を聞いて私も幸せな気持ちになれたのです。またいつか、わが家の花が誰かを幸せにすることがあるかもしれないので、花を今よりもっと大事に育てようと思いました。

28　女性はなぜ花をほしがったのか。

1　娘に花をあげたかったから

2　自分が花が好きだったから

3　赤い花がきれいだったから

4　珍しい種類の花だったから

29 それとあるが、何のことか。

1 いい香りの花

2 人形の顔

3 娘の笑顔

4 家族の笑顔

30 この文章を書いた人は幸せについてどのように考えているか。

1 自分が大切にしているものの良さをわかってくれる人に会うと幸せを感じる。

2 自分が温かい気持ちでいると、周りの人も幸せを感じることができるはずだ。

3 誰かを喜ばせることで、その人だけではなく自分も幸せを感じることがある。

4 好きなものを大切にすれば、今よりもっと幸せを感じることができるだろう。

(2)

　少子高齢化による人口の減少の影響で、人が住んでいない家が増えている。このような家を空き家という。空き家をそのままにしておくと、町の雰囲気が悪くなったり犯罪に使われたりすることがあるため、地域で再利用する工夫が行われている。

　例えば、歴史のある古い家を資料館として再利用している町がある。この資料館では、町の人が観光客に町の文化や歴史を伝える活動をしている。また、ある町では、空き家の1階にいすを置いて誰でも自由に休める場所にして、2階ではパソコン教室などを行えるようにした。今では子どもからお年寄りまで集まるにぎやかな場所になった。これらの工夫により町が明るく元気になったという。

　空き家を増やさないようにすることは人口が減り続けている日本では難しい課題である。しかし、さまざまな例を参考にしながら、それぞれの地域に一番いい再利用の方法を考えていくことが必要だろう。

---

31 なぜ空き家は増えているのか。

1　人口が減っているから

2　人が住めない家が多くなったから

3　町の雰囲気が悪くなっているから

4　犯罪に使われているから

32 これらの工夫とあるが、例えばどのようなことか。

  1 歴史のある古い空き家をそのまま残すこと

  2 空き家を子どもが歴史を学べる場所にすること

  3 空き家に誰でも利用できる場所を作ること

  4 空き家でお年寄りを対象としたサービスを行うこと

33 この文章を書いた人は、空き家について、どのように考えているか。

  1 空き家を再利用することよりも、増やさないことが大切だ。

  2 人口が減っているので、空き家の問題を解決することはできない。

  3 空き家は町を元気に明るくするために必要なものだ。

  4 その町に合った空き家の利用方法を考えていくべきだ。

本書を無断で複写複製（コピー）することは著作権法上での例外を除き、禁じられています。 13

問題6 つぎの文章を読んで、質問に答えなさい。答えは、1・2・3・4から最もよいものを一つえらびなさい。

　1995年1月17日に起きた大地震では、全国から学生を中心に多くのボランティアが集まった。地震でけがをした人を助けたり、人が集まっている場所で必要な手伝いをしたりして、困っている多くの人の助けになった。①このことから、ボランティア活動が知られるようになり、今では、1月17日は「防災とボランティアの日」となっている。

　地震や大雨のあと、誰かの力を借りたいと思っている人たちは多く、ボランティアの存在は欠かせない。ボランティアに参加する多くの人は少しでも誰かの役に立ちたいと思って行動している。しかし、なかには、何も準備をしないで行ったり、勝手な行動をしたりして、周りに迷惑をかける人も少なくはない。

　②そのような人は、困っている人の立場で考えていないのだろう。また、必要な情報が不足しているのかもしれない。誰かの役に立ちたいと思ったら、困っている人が何を必要としているのか情報を集め、自分がどのように役に立てるのかをよく考えてから行動することが大切ではないだろうか。

　地震や大雨で自分が困ったときに助けてもらい、その後ボランティアに参加する人も多い。そうやってお互いに助け合うことで、ボランティアの心は受け継がれていく。「防災とボランティアの日」は、お互いに助け合う気持ちを持ち続けることの重要性を広く呼びかけている。

---

34 ①このこととは、何か。
1　大地震が起きて多くの人がけがをしたこと
2　人が集まっている場所で手伝いが必要だったこと
3　多くのボランティアが人の助けになったこと
4　ボランティアが知られるようになったこと

35　②そのような人とあるが、どのような人か。

1　地震や大雨で困っている人

2　誰かの力を借りたい人

3　迷惑な行動をする人

4　何も準備をしなくてもいい人

36　この文章では、ボランティアをするときに何が大切だと言っているか。

1　少しでも役に立ちたいという気持ちを持つこと

2　何が手伝えるのか考えて行動すること

3　自分が役に立てることだけをすること

4　地震や大雨の情報を集めてから参加すること

37　「防災とボランティアの日」は、どのような日だと言っているか。

1　全国からボランティアが集まる日

2　自分がどのように役に立てるのかを考える日

3　ボランティアへの参加を呼びかける日

4　お互いに助け合うことの大切さを伝える日

問題7　右のページは、大学の掲示板に貼ってあるイベントの案内である。これを読んで、下の質問に答えなさい。答えは、1・2・3・4から最もよいものを一つえらびなさい。

38　今日は6月9日である。留学生のソンさんは、日本文化を体験するイベントに参加したいと考えている。料理をするイベントに参加するにはどうすればよいか。

1　6月11日までに申し込み、イベントの当日に料金の支払いをする。

2　6月12日までに申し込み、6月14日までに料金の支払いをする。

3　6月13日までに申し込み、6月15日までに料金の支払いをする。

4　6月14日までに申し込みと料金の支払いをする。

39　今日は6月14日である。留学生のキムさんは、毎週火曜日と木曜日にアルバイトをしているので、それらの曜日以外のイベントに申し込みたいと思っている。キムさんがこれから参加できるイベントはどれか。

1　歌舞伎を見るイベント

2　日本のお皿を作るイベント

3　浴衣を着て花火を見るイベント

4　カラオケで日本の歌を歌うイベント

いろは大学　3号館　掲示板

<イベント会社「かもめ」より＞

6月の日本文化体験イベントのご案内

○歌舞伎を見よう　6月18日火曜日16〜19時　料金5000円

　　日本の伝統文化を楽しみましょう！

　　※外国語のパンフレットも有料（1000円）にて用意しております。

○日本のスープ「豚汁」を作ろう　6月19日水曜日11時〜13時　料金3000円
　　「豚汁」とは、野菜や肉がたくさん入った味噌汁のことです。

　　家でも簡単にできる作り方をご紹介します！

○日本のお皿を作ろう　6月20日木曜日15時〜17時　料金4000円

　　初めてでも大丈夫！　日本の伝統的な模様を、お皿に書いてみませんか？

すべて、電話またはメールで申し込んでください。
申し込み締め切り日は実施日の1週間前までです。
実施日の5日前までに、銀行またはコンビニで料金のお支払いをお願いします。
料金の支払いがない場合、キャンセルになります。

<いろは大学国際交流サークルより＞

6月のイベントはこちら‼

★浴衣を着て、花火大会へ行きましょう！

　　6月15日土曜日17時に3号館A教室に集合

　　毎年申し込みが多いイベントです。日本の夏を体験してください！

　　※浴衣のレンタル料金として、2000円かかります。

★カラオケで日本の歌を楽しみましょう！

　　6月16日日曜日12時に新宿駅南口に集合

　　日本のアニメの歌を歌います。アニメが好きな人はぜひ来てください！

　　※予定は2時間、料金は1000円です。

どちらもイベントの前々日までにメールで申し込んでください。
イベントについての質問は、電話で受け付けます。番号は070-2222-3333です。
また、料金は当日支払ってください。

文法・読解

N3

ちょうかい
聴解

（40分）

聴解

注　意
Notes

1．試験が始まるまで、この問題用紙を開けないでください。
　　Do not open this question booklet until the test begins.

2．この問題用紙を持って帰ることはできません。
　　Do not take this question booklet with you after the test.

3．受験番号と名前を下の欄と解答用紙に書いてください。
　　Write your examinee registration number and name clearly in each box below and on the answer sheet.

4．この問題用紙は、全部で14ページあります。
　　This question booklet has 14 pages.

5．この問題用紙にメモをとってもいいです。
　　You may make notes in this question booklet.

じゅけんばんごう 受験番号　Examinee Registration Number	

名　前　Name	

問題 1

問題1では、まず質問を聞いてください。それから話を聞いて、問題用紙の1から4の中から、最もよいものを一つえらんでください。

れい

1　雑誌を買う
2　ゆうびんきょくへ行く
3　銀行へ行く
4　電話する

1ばん

ア

イ

ウ

エ

1　ア　イ　エ

2　ア　ウ　エ

3　ア　イ

4　ウ　エ

2ばん

1　パソコンを運ぶ

2　いすと　つくえを　ならべる

3　しりょうを　つくえに　おく

4　かぎを借りてくる

3ばん

1　花

2　おき物

3　花びん

4　絵

4 ばん

   1　アンケートに答える

   2　テストを　うける

   3　めんせつを　うける

   4　りれきしょを　ていしゅつする

5 ばん

   1　きゃくを　あんないする

   2　飲み物を　じゅんびする

   3　れいぼうを　つける

   4　きゃくを待つ

6ばん

1 テニスコートのよやくをする

2 しみんカードを　はっこうしてもらう

3 テニスコートの　りようじょうきょうを　かくにんする

4 しせつりようけんを買う

問題 2

問題 2 では、まず質問を聞いてください。そのあと、問題用紙を見てください。読む時間があります。それから話を聞いて、問題用紙の 1 から 4 の中から、最もよいものを一つえらんでください。

れい

1 ぐあいが悪いから

2 会費が高いから

3 会いたくない人が来るから

4 つかれているから

1ばん

1 前の うで時計を なくしたから

2 しゅうりひが高かったから

3 前の うで時計を何年も使っていたから

4 セールを やっていたから

2ばん

1 きのうも うどんを食べたから

2 店がせまいから

3 今日は店が休みだから

4 学食で食べたいから

3 ばん

1 海が好きで毎年海に行くから

2 この町に多くの友だちがいるから

3 この町の人の　やくに立ちたいから

4 このかつどうをする　じょせいが少ないから

4 ばん

1 勉強するため

2 ダイエットのため

3 朝ご飯を　しっかり食べるため

4 一人で　すごす時間を持つため

5 ばん

1　自分で料理を作りたかったから

2　頭が　いたかったから

3　食事会の日ではなかったから

4　うちでご飯を食べたかったから

6 ばん

1　自分のことは自分でしたいから

2　料理やそうじが　とくいだから

3　ペットが　かえるから

4　友だちが　よべるから

　問題 3 では、問題用紙に何もいんさつされていません。この問題は、ぜんたいとして
どんなないようかを聞く問題です。話の前に質問はありません。まず話を聞いてください。
それから、質問とせんたくしを聞いて、1 から 4 の中から、最もよいものを一つえらんで
ください。

― メモ ―

問題 4

　問題4では、えを見ながら質問を聞いてください。やじるし（➡）の人は何と言います
か。1から3の中から、最もよいものを一つえらんでください。

れい

1 ばん

2 ばん

3 ばん

4 ばん

問題 5
もん だい

問題 5 では、問題用紙に何もいんさつされていません。まず文を聞いてください。それから、そのへんじを聞いて、1 から 3 の中から、最もよいものを一つえらんでください。

— メモ —

にほんごのうりょくしけん
N3 「げんごちしき（もじ・ごい）」かいとうようし

じゅけんばんごう
Examinee Registration
Number

なまえ
Name

〈ちゅうい　Notes〉

1. くろいえんぴつ（HB、No.2）でかいてください。
   Use a black medium soft (HB or No.2) pencil.
   （ペンやボールペンではかかないでください。）
   (Do not use any kind of pen.)

2. かきなおすときは、けしゴムできれいにけして
   ください。
   Erase any unintended marks completely.

3. きたなくしたり、おったりしないでください。
   Do not soil or bend this sheet.

4. マークれい　Marking Examples

よいれい Correct Example	わるいれい Incorrect Examples
●	⊘ ⊗ ◐ ⊙ ○

問題 1

	①	②	③	④
1	①	②	③	④
2	①	②	③	④
3	①	②	③	④
4	①	②	③	④
5	①	②	③	④
6	①	②	③	④
7	①	②	③	④
8	①	②	③	④

問題 2

9	①	②	③	④
10	①	②	③	④
11	①	②	③	④
12	①	②	③	④
13	①	②	③	④
14	①	②	③	④

問題 3

15	①	②	③	④
16	①	②	③	④
17	①	②	③	④
18	①	②	③	④
19	①	②	③	④
20	①	②	③	④
21	①	②	③	④
22	①	②	③	④
23	①	②	③	④
24	①	②	③	④
25	①	②	③	④

問題 4

26	①	②	③	④
27	①	②	③	④
28	①	②	③	④
29	①	②	③	④
30	①	②	③	④

問題 5

31	①	②	③	④
32	①	②	③	④
33	①	②	③	④
34	①	②	③	④
35	①	②	③	④

以下のサイトから解答用紙がダウンロードできます。

https://www.3anet.co.jp/np/books/3820/

にほんごのうりょくしけん
N3 [げんごちしき（ぶんぽう）・どっかい] かいとうようし

じゅけんばんごう
Examinee Registration
Number

なまえ
Name

問題 1

1	①	②	③	④
2	①	②	③	④
3	①	②	③	④
4	①	②	③	④
5	①	②	③	④
6	①	②	③	④
7	①	②	③	④
8	①	②	③	④
9	①	②	③	④
10	①	②	③	④
11	①	②	③	④
12	①	②	③	④
13	①	②	③	④

問題 2

14	①	②	③	④
15	①	②	③	④
16	①	②	③	④
17	①	②	③	④
18	①	②	③	④

問題 3

19	①	②	③	④
20	①	②	③	④
21	①	②	③	④
22	①	②	③	④
23	①	②	③	④

問題 4

24	①	②	③	④
25	①	②	③	④
26	①	②	③	④
27	①	②	③	④

問題 5

28	①	②	③	④
29	①	②	③	④
30	①	②	③	④
31	①	②	③	④
32	①	②	③	④
33	①	②	③	④

問題 6

34	①	②	③	④
35	①	②	③	④
36	①	②	③	④
37	①	②	③	④

問題 7

38	①	②	③	④
39	①	②	③	④

以下(いか)のサイトから解答用紙(かいとうようし)がダウンロードできます。

https://www.3anet.co.jp/np/books/3820/

にほんごのうりょくしけん
N3 「ちょうかい」かいとうようし

じゅけんばんごう
Examinee Registration Number

なまえ
Name

〈ちゅうい Notes〉

1. くろいえんぴつ (HB、No.2) でかいてください。
Use a black medium soft (HB or No.2) pencil.
（ペンやボールペンではかかないでください。）
(Do not use any kind of pen.)

2. かきなおすときは、けしゴムできれいにけしてください。
Erase any unintended marks completely.

3. きたなくしたり、おったりしないでください。
Do not soil or bend this sheet.

4. マークれい Marking Examples

よいれい Correct Example	わるいれい Incorrect Examples
●	⊘ ⊖ ◯ ◑ ⊗ ◍ ◯

問題 1

もんだい 問				
れい	①	●	③	④
1	①	②	③	④
2	①	②	③	④
3	①	②	③	④
4	①	②	③	④
5	①	②	③	④
6	①	②	③	④

問題 2

もんだい 問				
れい	①	②	●	④
1	①	②	③	④
2	①	②	③	④
3	①	②	③	④
4	①	②	③	④
5	①	②	③	④
6	①	②	③	④

問題 3

もんだい 問				
れい	①	●	③	④
1	①	②	③	④
2	①	②	③	④
3	①	②	③	④

問題 4

もんだい 問			
れい	●	②	③
1	①	②	③
2	①	②	③
3	①	②	③
4	①	②	③

問題 5

もんだい 問			
れい	①	●	③
1	①	②	③
2	①	②	③
3	①	②	③
4	①	②	③
5	①	②	③
6	①	②	③
7	①	②	③
8	①	②	③
9	①	②	③

以下のサイトから解答用紙がダウンロードできます。

https://www.3anet.co.jp/np/books/3820/